단 하루의 휴일마다

기적을 체험하기 위해선
저는 언제나 행동해야만 했습니다

단 하루의 휴일마다

양인규
시 집

바른북스

글을 쓰면서 ───────────────────────────────────

누군가를 구체적으로 안다고 해서
사람을 변화시키진 못했습니다.

아무리 훌륭한 전술을 설명해도
사람을 행동하게 만들진 못했습니다.

하나의 사고가 머릿속에서 펼쳐질 때
내 안에 에너지를 투입시켜
오로지 나만을 가공해야만 했습니다.

현실 세계에서
상대방의 눈에서

하나의 예술작품이 펼쳐질 수 있게
변해야 하는 건 언제나 저였습니다.

태도로 말을 해야 했습니다.

글쓰기는 절대로 음지식물에 비유돼서도
혼자만의 세계에 빠져 사는 몽상가로
여겨져선 안 됩니다.

글을 쓰기 위해선
저는 항상 행동해야만 했습니다.

기적을 체험하기 위해선
저는 언제나 행동해야만 했습니다.

목차

글을 쓰면서

1. 투쟁

태초의 시작 · 14

지성인 · 15

태양은 한 번에 떠오르지 않는다 · 16

지옥에서 · 18

꿈이 없다고 말하기 전에 · 20

자존감 · 22

삶 · 23

불타오름 · 24

삶을 시작하기에 앞서 · 26

자신감 · 28

짓눌린 표정에 대하여 · 30

분노의 방향성 · 32

고독 · 34

영원한 현재 · 35

노인과 청춘 · 36

항해 · 38

자존심 · 40

멋진 죽음을 준비한다면 · 42

개념 획득의 원리 · 43

마음처럼 잘 안될 때 · 44

사막에서 · 46

승리자의 구성물 · 48

몇억 광년의 만남 · 50

인식의 틈새에서 · 51

포식자 · 52

전사의 발걸음 · 53

가난한 자에게 쓰는 편지 · 54

한 사람의 얼음이여 · 56

악마에게 배운 선 · 58

환상 · 60

실수투성이에게 · 62

어른 아이 · 63

에너지 · 64

어른 · 66

2. 휴일

한 줄기 빛 · 70

오르막 소년 · 72

옥탑 야경 · 74

꽃봉오리 · 75

스물일곱 여름 · 76

글 · 79

우울증약 · 80

백조 · 82

자살 · 84

곰팡이 · 86

감자 · 87

순백의 도화지 · 88

하얀 옥탑 · 90

열기 · 92

스무 살 그리고 1년 · 94

에베레스트의 중턱에서 · 96

인연의 시작 · 98

에베레스트의 안개 · 100

에베레스트의 동굴 · 102

물고기 잡는 법 · 104

생명력 · 107

보일러 · 108

그 남자 · 110

나무 · 112

코어 · 113

별 · 114

고시생 · 116

논쟁 · 117

심연 · 118

3. 애정

대일 밴드 · 122

노랑나비 · 123

심전도 · 124

분위기 · 126

날 보며 웃는 네가 좋아서 · 127

유머 · 128

허스키 · 130

매니악 · 131

사랑을 배우다 · 132

노인의 시야 · 134

다이어트 · 136

김밥천국 · 138

과일가게 연금술사 · 140

요트 위에서 · 142

남자가 사랑할 때 · 144

스페인의 태양 · 145

1.
투쟁

태초의 시작

산통을 겪고 있는 여성이 보입니다
고통스러워 보입니다

이제 막 태어난 아이의 얼굴이 보입니다
울음을 터뜨립니다

탄생 그 자체의 시작이
고통이라면

눈시울이 붉어질 정도로 지금
고통스럽다면

지금이 기회입니다

지성인

따지고 보면
모든 합리성의 기원은 비합리성이다

균열을 일으키는 자들은
대담하되 경솔한 면이 있다

그러나

그 변화 생성 창조가 발생되어야만
우리는 **사고할 무언가**를 얻는다

저지르는 자들
그들이야말로 지성인이다

태양은 한 번에 떠오르지 않는다

나의 아침은 호락호락하지 않았다
동기가 저하될 땐 아무것도 하기 싫었다

그러나 가끔씩 빛줄기가
하나의 기대가 솟아오를 때

잠시나마 힘을 얻는다

그러나 다시 어린아이처럼 돌아서기도 한다
그냥 때려치울까도 한다

과거의 결심을 망각한 채
미화 속에 빠져들기도 한다

여인의 품에 안겨
위로받고 싶었다

태양의 시간을 인내하기란
참으로 힘겨웠다

그러나 불타오른 자만이
달의 세계를 만끽할 수 있단 걸 난 안다

나의 밤은 환락과 승자의 기쁨으로
넘쳐나길 바란다

꿈을 누릴 자격을 쟁취하려 한다

나의 태양이
달을 더 빛나게 할 거란 걸 난 안다

나의 일관됨은
그녀를 향한 원초적 확신이다

오늘 손에 넣은 태양은
분명히 어제와 다르다

지옥에서

지옥은 개념적이라기보단 관념적인 것 같습니다
벗어나고픈 성질을 지녔습니다
만약 그것을 그냥 끌어안아 버린다면?

일단 지옥은 서서히 숨통을 조여옵니다
절대로 한 번에 급소를 노리지 않습니다
때문에 머리를 굴려볼 기회를 줍니다

그것들이 다 지옥의 허점입니다

또 지옥이 하나의 압력이라면
모든 물줄기는 그 압력이 있어야만 뿜어져 나옵니다

지옥은 머릿속에 있습니다
그럼에도 불구하고 당신의 행동은
천국을 보여줄 수 있습니다

당신으로 하여금 천국을 볼 수 있습니다
당신이 세상입니다

꿈이 없다고 말하기 전에

자기(self)를 얼마나 자각하고
발현시켜 다 쓰고 있는가?

자아(ego)는 외부 세계에 비친
자기의 객관물

무형의 근원 에너지
원초의 심지
그것은

자기의 욕구로부터 흘러나온다

자기(self)와 자아(ego)
그 둘 사이의 다리
그것은 **솔직함**이다!

솔직한 건, 특히나 융통성 있게 솔직한 건
어렵고 힘든 일이다

그러나 두렵지 않다면
불안하지 않다면
어찌 그것을 도전이라 할 수 있겠는가?

그 사이를 용감하게 걸어가자

꿈이 없다고 말하기 전에
우리 한번 솔직해져 보자

자존감

자신과의 약속을 지켜낸 가짓수
그것이 많아질수록

난 사랑받을 자격이 있어

그 말이 **무의식적으로** 튀어나왔습니다

삶

고통의 원인을 안다고 해서
통증이 없는 것은 아니기에

우린 계속 아프다
그러나 이런 아픔이 없다면
인간은 어떻게 강해질 수 있단 말이냐!

우리의 삶이 아름다울 수 있는 이유는
극복해 내야만 할 무언가가 있기 때문이다

불타오름

그 어떤 젊은이에게도 청춘의 가치는
순수한 불타오름 그 자체라는 것에는
큰 이견이 없을 것이다

그러나 그 순수한 불타오름조차
장작과 고된 투쟁이 있어야만
불꽃이 탄생하지 않던가?

그대들의 장작과 투쟁은 무엇인가?

삶을 허비하는 것이 아닌 소진해 나가는 것
가차 없이 자신의 궤도를 따르는 것
한 점을 보고 돌진하는 것

자신의 길을 가자

행복이 소녀처럼 뒤에서 졸졸 쫓아오는 것

흡족하며 미소 지은 채

그녀를 쓰다듬어 주는 것

삶을 시작하기에 앞서

어차피 결국 우린 모두
자기(self)를 살다가 죽지 않는가?

객관적인 결과물은 철저히
자신의 정신을 위해 존재해야지

외부 세계에 정체성이 묶여 있다면
아무리 사람들 사이에 둘러싸여 있어도
자기(self)로부터 몇억 광년 낙오다

인간은 저마다
자기만의 고유한 의미를 품어야 한다

겉보기엔 헛짓거리처럼 보여도
스스로에게 감동하는 삶은

그 누구보다 가치 있는 삶이기에

자신감

진짜 우릴 괴롭히는 건
완벽을 향한 집착이겠지

진짜 우릴 괴롭히는 건
자기(self)를 못 받아들이는 것이겠지

때론 싸우겠지
있는 그대로 휩쓸리길 거부하는 정신과

본연의 나다움이란 무엇인가?

그 여정의 기로에 놓인 채
다듬어 가는 형상이야말로
진정한 자기 자신이겠지

의식을 끈을 놓지만 않는다면

조금은 견고한 자기 확신을
내 안에 세울 수 있겠지

그래 자기를 아는 것
그것이야말로

진정한 자신감이겠지

짓눌린 표정에 대하여

그의 얼굴을 보고 있노라면
단순히 육체적인 피로와는
성질이 아예 다른 영적인 허망이 느껴진다

우울해 보인다
음성의 입자가 거북하다

짓눌린 표정처럼 답답함을 야기하는
어휘들을 남발한다

저 짓눌린 표정은 어떻게 생기게 된 걸까?
자기(self)를 사랑하고 있을까?

진심으로 솔직하게
자기(self)의 모습과 대면해 보았을까?
자기 인격에 대한 인식이 존재할까?

투쟁을 감행해 보았을까?
결단과 대담성은?
용기는?

아님 이것들에 대한 개념 자체가
그에겐 존재하긴 할까?

내가 이 글을 쓰는 이유는
난 인간의 광채를 원하기 때문이다

그런데 애초에 그 광채의 심지는
인간의 **꿈과 사랑**이지 않은가?

분노의 방향성

나는 독자적 개성을 확보했는가?
자신의 매력에 확신이 있는가?

내가 좆밥처럼 보일 만한 요소에 대한
민감도가 꽤 적절한가?

그것들을 잘 다루는가?

나는 어떤 표정, 몸짓, 어휘, 눈빛을
하고 있는지 자각하고 있는가?

우리에게 주어지는 황금은
감정의 동요

과학적으로도 명백히
생리학적 상태

왜 자기를 다 안 쓰고 죽어 가는가?

나는 분노한다 오직 나에게만

난 또 나를 다른 지점으로 이동시킬 것이다
그때 발생하는 모든 마찰은

불꽃을

예술을

사랑을

꿈을

선물해 줄 것이다

고독

꿈꾸는 자의 고독은 아름답다
설령 묶여 있다 해도
머릿속은 온통 자유로 가득 차 있으니 말이다

자기(self)의 신호를 감지하는 것
그 욕구에 지성을 부여하는 것
상상해 볼 수 있는 것
기대가 되는 것

혼자만이 느낄 수 있는 그 세계는 훌륭하다
내면은 무한한 공간이기 때문이다

자기의 은하수를 볼 때의 안광
그것이 특정 반응을 야기한다면
그것 또한 현실이지 않던가?

영원한 현재

사람을 이끌어 가는 것은 결단이지
하나의 독자적 결론이지
합리적 도출 같은 것이 아니란 말이다!

미지의 운명에 자기를 집어 던질 수 있는 대담함
그게 설령 충동적이고 극단적이라 할지라도

춤을 출 수 있다면!

그 순간만큼은 비난을 삼가고
같이 춤을 추자

연민은 가슴에만 품은 채
그들만의 투쟁에 경의를!

또 하나의 미소를

노인과 청춘

⟨**노인**⟩에 가까운 요소들을
나열해 보자

뭐 먹을지 고민, 노가리, 투쟁 없음
뻣뻣한 신체, 적당한 여가, 걱정
한적함, 무기력, 시간 때우기
안락함, 집단에 대한 의존

그럼 반면에
⟨**청춘**⟩에 가까운 요소들을
나열해 보자

자아실현, 도전, 호기심, 번뜩임
유연한 신체, 협력, 창조, 천진난만
에너지, 목표 도달, 사랑, 자기 발견
배움, 고민, 방황, 투쟁

"나 이걸 해내야겠어"

이 요소에 나이 따윈 없다

지금

본질적으로 어느 쪽에 더 가까운가?

항해

내 멋대로 한번 흘러보자
사회적 성공과 보장이 뭐 어떻단 말인가?

어드벤처가 없다면
난 그걸 인생이라 할 수 없다

난 여전히 감동이 필요하다
그것을 더 꽉 움켜쥐고 싶다

그럴 수만 있다면
뭐든 다 감행할 것이다

모든 생명체의 동력은
감정 아니던가?

활력은 짜릿함은 예감은

기대는 열망은 생명력은
연료가 되고

우리의 수확은
지혜와 자아(ego), 은하수
사고, 이성, 논리
즉 진정한 지성

뭐든 해낼 수 있는 것만 같은
천문학적인 자산
자신감

그것을 얻으러
출항!

자존심

내 인생에 핑계 따윈 없다
세상 탓을 할 바엔 자살을 하겠다

차별과 편견, 나를 향한 불평등
그건 나에게 충돌이었다

그 충돌은 또 하나의 은하수를 탄생시켰고
난 그걸 바라본다

때론 감수성이라는 이름으로 부른다

난 내가 어떤 사람인지가 중요하다
내가 어떤 대우를 받든
난 어떻게 대우를 할지 생각하겠다

주체권, 선동 능력은

언제나 자신에게 있다

진정 자신을 사랑한다면
어쭙잖은 핑계는 대지 마라

멋진 죽음을 준비한다면

눈을 감는 순간 스쳐 지나갈 형상에
흡족하려면

합리성을 얻기 위한 무의미한 전쟁에서
벗어나려면

내 안의 본연 샘솟는 줄기를
보려 한다면

내 운명 말고는 관심 없다면

정체성을 규정할 필요도 없이
난 그냥 아무것도 아닌 거라면

한번
제대로 죽어 보자

개념 획득의 원리

긴 암흑의 끝은 다시 아침이니
타락과 욕정, 모든 막무가내는
순결을 건져 올리기 위한 체험이었으니

자기(self)를 발견하기 위해선
언제나 극과 극을 오고 가야 했으니

진리를 개념적으로만 서술한다면
그 인생은 참 재미가 없을 것이다

몸소 사로잡혀 체험할 때까지

결국 구체적 실체는
단 하나

감정

마음처럼 잘 안될 때

오히려

나의 시도가 한 번도 안 틀리고

언제나 완벽하다면

소름 끼치게 섬뜩할 것 같다

어긋남

상실

극복

기대

예감

도전

움직임

무한의 굴레에서

다시

시작

사막에서

물이 가장 맛있을 때가 언제인가?
그녀가 한없이 소중해질 때가 언제인가?

언제가 가장 자유로운가?
날 때인가?

아니면 가로막힌 벽을 어떻게 넘을지
상상할 때인가?

결승선을 통과할 때인가?
아님 내가 1등을 할지도 모른다는 기대감인가?

언제 숨통이 트이는가?
숲속에서 평생을 살아간다면 외로울 것이다
가끔, 도심을 벗어나는 쉼표가 더 자유롭다

무엇이 당신을 고통스럽게 하는가?

무엇이 당신을 압박하는가?

당신 말곤 없다

그럼 다시

진정 당신만이 있는 곳으로 가라!

승리자의 구성물

본의 아니게 너무 센 무의식이
본능을 발산해 버렸을 때

홀로 다른 길을 갈 때

애써 얻은 걸 걷어찰 때

내가 나의 지배자가 될 때

스스로에게 인정받을 때

혼자 있는 순간 가슴으로 춤을 출 때

무궁무진한 감사함을 느낄 때

삶 자체를 사랑할 때

받아들일 때

모험할 때

자기(self)를 다스리게 될 때

결심할 때

더 섬뜩한 무언가를 준비할 때

더 확장할 때

그게 다

자신을 사랑하는 거야

몇억 광년의 만남

한 사람의 우주가 내게 온다
그 사람만의 은하수가 광속으로 온다

왜 사는가?
눈앞에 사랑이 있다면
유대의 통로가 있다면

지금 살아 있다면
번뜩인다면, 갈망한다면
의미와 무의미가 계속 반복된다면

한 번뿐인 삶
새로운 사람이 될 수 있는 기회가 있다면

난 너와 / 또 다른 나와
계속 만나리 무한히 재탄생하리

인식의 틈새에서

모든 사람들이 행복하다면
광채라는 말도 의미가 없겠지

빛에만 둘러싸여 있다면
사소한 흠 하나도 온통 검정이겠지

내가 본 기적들의 대부분은
고통의 극한에서 탄생했으니
이 사실을 겸허히 받아들여야겠지

그것 또한 용기겠지

포식자

진정한 야수성은 고요한 인내심이다
화가 난 자의 분노를 소진하게 놔둬라
유심히 지켜보다 목덜미를 물어라

곰의 발걸음 소리는 들리지 않으니
상어는 조용히 피 냄새를 맡으니
요란 떠는 포식자가 어디 있더냐?

당신의 권위를 위협하든
체면이 안 살든 신경 꺼라

목표물의 급소에만 집중하라
단번에 숨통을 끊어라

전사의 발걸음

한순간 수많은 형상들이 영감으로 다가온다
남들은 절대로 상상해 보지도 못한
섬뜩함이 그에게만 솟아오른다

홀로 어둠 속으로 들어가는 그는
모두의 거부에도 아랑곳하지 않고

심장의 방향을 믿는다

우린 다 하루아침에 파괴될 수 있다
우리를 지치지 않게 하는 것은
물질과 이성이 아니라
꿈과 사랑이다

가난한 자에게 쓰는 편지

한 번도 실패해 본 적 없구나
그대가 동경했던 인물들이 다 걸어갔던 길
그대는 그 길을 아직 한 번도 가보지 못했구나

그대는 단 한 번도 실패해 본 적이 없구나
망신을 당해본 적도
스스로 등 떠밀어 용암 위를 걸어가 본 적도 없구나

그대가 앉아 있던 곳은 도망친 자들의 동굴이었구나
그 어둠 속의 유대는 얼마나 갑갑하던가?

왜 그들에겐 언제나 인생의 큰 아쉬움과
한탄만이 전부인가?

대화 소재의 초점은 과거와 미래의 걱정뿐
아무도 꿈을 이야기하지 않는다

경탄과 의심은 어디 있는가?
아님 혹여나 혼자인 순간이 외로운가?

안도감을 좇으려 한다면
더 큰 외로움이 기다리고 있을 걸세

흥분을 좇게

무의식적으로
내면에 스치는 형상
그 형상의 손짓을 따라가게

우린 다 진정한 인간이 되어야 하네

한 사람의 얼음이여

얼음이 있다
소름 끼치게 차갑고 거대한 얼음이

웬만한 열기와 불꽃으로는
녹이기 힘들었을 것이다

영하 100도를 훨씬 넘는 얼음이다
녹는다면 유라시아대륙을 덮고도 남을 것이다

그런 얼음이 그리 호락호락 녹을 듯싶으냐!

0도를 넘겨도 물기만 맺힐 뿐 흐르지 않는다
그동안 많이 답답했을 것이다 이해한다

넌 너무나 큰 얼음을 가지고 태어난 것이다!

만약 얼음이 녹는다면
드디어 메마른 땅에 양분이 공급될 것이다

먼저 흘러갔던 자들은
그대의 물살에 휩쓸리거나 같이 합류할 것이다

기억해라
나무와 불이 더 큰 화염을 만들어 낸다

나무는 숲이고 산소이니 호흡하라
불은 열정이고 훈련이니 단련하라

당신만의 느낌이 물처럼 흐를 것이다

악마에게 배운 선

유혹자에게 매혹당하여
바보 같은 표정을 지은 적이 있다

그 감격과 벅차오름
그 순간만큼은 최고의 선이었다

한 여자에게 다스림 당할 때의 황홀함을
품에 안기러 갈 때의 수줍음을 난 기억한다

내 안의 소녀를 발견한 시점이었다

난 더 멍청해져 갔고 판단력을 잃었다
한없이 빠져들어 갔다

그녀가 점점 날 재미없어할 땐
파멸감에 휩싸였다

난 확실히 그녀가 전부였다
영혼이 묶여 있던 것이다

난 그때의 강렬함을
내 사랑하는 이들에게 선사하고자 한다

그들 앞에 서서 천국행 티켓을 거머쥐고
그곳에 갈 수 있단 희망감을 들먹일 것이다

하루의 동력을 제공할 것이다
살아 있음을 느끼게 할 것이다

환상

죽음을 향해 작정하고 전진한다면
분명히 자기(self)만의
아른거리는 은하수를 떠올릴 겁니다

우린 분명히 원하는 게 있습니다
외부 조건과 합의를 본 대비책이 아닌
날것의 충동이 분명히 있습니다

어쩌면 그건 환상일지 모르겠습니다

그러나 안도감을 기원으로
설계한 그 대비책조차

어쩌면 환상일지 모르겠습니다

이런 의심을 하는 이유가 있습니다

한 인간이 진정 자신의 삶이 만족스럽다면

술, 담배, 폭음, 폭식, 비만, 우울, 신경증
심혈관계 및 근골격계질환, 짓눌린 표정
앙다문 입술과 무의식적 자기비하
그리고 체념

도대체 이게 왜 있는 겁니까?
이것들이야말로 그의 삶이
거짓 덩어리라는 증거물들 아닙니까?

그는 도대체 무엇을 위해 산 겁니까?

실수투성이에게

축하드립니다
적어도 당신은 계속 결단을 내려 왔습니다

적어도 그 순간만큼은 최선이겠다는
마음가짐으로 임해 왔습니다

그렇습니다

당신은 언제나 살아 있었습니다
그것이 중요한 겁니다

살아 있었다는 것!
그것이 중요한 겁니다

어른아이

더러운 화장실 창문 방충망에
벌레 한 마리가 뒤집힌 채 끼어 있다

주름진 배때기는 혐오스럽다
이에 더해 그 추잡한 다리로
징그럽게 생떼를 피운다

그렇게 요란을 떨다가
소변기 뒤 볼 수 없는 곳으로
낙하한다

시체 더미들 속으로

에너지

일터로 향하는 발걸음은 항상 무겁고
중압감이 날 덮친다

과연 오늘 하루도 잘 이겨낼 수 있을까?
해결되지 않은 여러 가지 잡념들이 날 괴롭힌다

모든 것이 무겁게 느껴지는 순간
밝게 인사해 오는 동료

그 밝은 인사에
엄청난 힘을 얻는다

하루 여덟 시간은 끄떡도 없을 것만 같은
그런 힘 말이다

그건 분명히 순수함 그 자체의 열정과

강인하고 천진난만한 생명력

진실함에서 나오는 동지애
세상에서 가장 강한 무기

어른

나이를 먹으면 먹을수록
나도 모르게 눈물이 날 것만 같다

요즘 들어 이런 감정에 휩싸일 때면
떠오르는 얼굴들이 있다

체념과 비슷하면서도 비애적인 표정들
지금의 나는 그들의 감정을 느끼고 있는 걸까?

그러나 굴복하기 싫다
극복해 내고 싶다
승리자이고 싶다

자존심이 나를 더 옥죄여 올 때
진정한 공감은 동정이 아니라
한 차원 더 생각해 낸 행동이라는 것을 깨닫는다

2.
휴일

한 줄기 빛

주 6일 12시간의 노동
나에게 주어진 단 하루의 휴일
수요일

질 높은 수면을 위해 설치한 암막 커튼
새벽 6시 46분

반복된 기상 시간에 적응한 눈은
어둠 속 문틈에서 새어 나오는 빛줄기를 보았습니다

나에게 하루의 휴일이 주어질 때마다
누워서 그 빛줄기를 가만히 응시했습니다

나에게 하루의 휴일이 주어질 때마다
무한한 자유를 꿈꿨습니다

언제나 그 시간을 기다렸습니다

그 희망감은 그 어떤 고된 하루도
고양감으로 바꾸어 버렸습니다

오르막 소년

매일 저녁쯤이 되면
한 소년이 자전거를 끌고 와서
매일 단 한 번도 쉬지 않고 오르막길을
페달을 힘껏 밟아 올라갔습니다

경사가 심하게 진 그 길을
인내하여 혼신의 힘으로
전속력을 다해 올라가면

자기는 행복해질 거랍니다
그는 매일 기도를 하고 있었습니다

그 행위는 누군가에게 배운 적도 없었습니다
그리고 이론적으론 헛짓거리겠지요

그러나

고행길에 오른 자만이

무언가를 얻을 수 있다는

수천만 년 동안 전해 내려온 지혜를

그는 분명히

알고 있었습니다

옥탑 야경

이사 첫날밤에는 야심 찬 청춘의 도전을 의미했다

겨울에는 시련과 고난을 의미했다

봄에는 새로운 시작을 의미했다

두 번째 여름엔 탈출을 기원한다

이젠

이십 대 끝자락의 불타오름이었기를
삼십 대의 문을 열기 위한
하나의 토대이자

자유의 과정이었음을 염원한다

꽃봉오리

태양 빛은 날 타들어 가게 했지만
내 잎의 색깔을 볼 수 있게 했나니

비는 날 심연에 젖게 만들었지만
무의식과 조화를 이루게 했나니

바람은 날 위태롭게 했지만
강한 뿌리를 얻게 했나니

그 모든 자연을 겪으며
잎을 펼쳐보고 알았나니

꽃봉오리는 원래
내 안에 있었나니

스물일곱 여름

남의 조언 따라 산 지도 26년
고집불통 타이틀

벽만 보고 사는 수도승이라는 이미지
불안하고 초조해서
친구의, 가족의, 사회적 통념에
나를 맞춰보려고 했습니다

융통성 있는 사람이고 싶었고
꽉 막힌 사람이기 싫었고
지적이되 섹시하고 싶었고
지성인이되 바보처럼 웃고 싶었습니다

그 심지를 태워보니
주관이었습니다

객관화가 아니라 개성화였습니다
강점과 약점이 아닌 특성이었습니다
제가 원한 건 안도가 아닌 성취였습니다

나를 알기 위해선
어쩔 수 없이 사회에서 규정하는 법칙에
자발적으로 복종해야만 했습니다

그 후, 잃어버린 지갑을 되찾듯
빼앗겼던 본연의 무언가를
얻은 기분을 느꼈는데

그 시점은 분명해
애써 얻은 걸 걷어찰 때였습니다

내가 틀렸대도, 자유를 만끽한다면
과감히 틀려보겠습니다

외부 세계와의 교류는 철저히
나를 위해 존재합니다

내 마음대로 산 지 이제 겨우 1년

글

문장의 한 단락이나 사물, 현상에
어떤 힘, 특정한 의미를
한 생명을 만들어 내는 마법은

그 이전에 쓰인 재료들의 형태가
변환 혹은 다른 지점으로
이동하기 위한 요소로 활용될 때이니

글에 생명을 주기 위해서는
허영과 추상의 현란함을 멀리하고

철저히

의식을 가지고 여행길에 오르자

솔직하자

우울증약

희대의 사기극
자신의 천재성을 외면한 자들의 증가
그것과 비례된 상용화

비겁한 자들이 먹는 약
겁쟁이조차 용감한 자에게 반하지 않던가?

고통의 끝자락에 있을 때
돌연 저력을 발휘하는가?
자신을 집어삼키는가?

아님
신을 찾는가? 약을 찾는가?
친구를 찾는가? 가족을 찾는가?

다시 말해

자신에게 의존하는가?

외부에게 의존하는가?

무엇이 인간을 행동하게 하는가?

고통이다!

썩어빠진 자신을 견딜 수 없는 답답함

그 충격과 자기혐오야말로 천재성이다

그래야 다시 허물을 벗고 재탄생하지 않는가?

그 약을 먹는 순간 감각을 잃어버린다

무기력과 퇴화만이 당신을 덮칠 것이다

백조

잔잔하게 오동치는 물결 위에서
우아한 자태를 뽐내는 자가 있다

외관은 그리 화려하지도
초라하지도 않게

세련되어 있다
저 여유 있는 움직임은 뭐란 말인가?

바삐 움직이는 발은
물속에 가려 보이지 않는다

조급해 보이는 것은 단 하나도
우리 눈에 보이지 않고
익숙하게 그것들을 다룬다

진정한 아름다움 그것은
과거와 현재 속에 있다

저 날개!

난 너와 달라

하며 펼쳐 보이는 저 날개!

주목받지 못했던 과거였기에
날 수 있는 현재는 더욱더 아름답다

자살

심연의 파동이 몰아친다
나의 적은 나밖에 없구나

이 녀석이 말을 건네면
압박과 공허가 의미를 앗아간다

이 녀석은 나였다

그러나 극명하게 직시할 용기가 서질 않았다
부정했다 귀찮아했다

아니
두려웠다 왜 두려웠냐면

원했기 때문이었다

원했단 걸 자각할 만큼
내게 관심을 주지 않았다

그래서 점점 더 두려워졌다
용기와 인내를 잃자
모든 걸 다 잃어버렸다

내가 날 죽였다

곰팡이

하얀 벽지에 약간의 균열이 생겼다
방이 추워서 그런 거라
따뜻하게만 해주면 관리가 될 터였다

그러나 난방비가 아깝구나
벌벌 떨며 나를 계속 추운 곳에 재웠다

외면

방치

그럴수록 점점 커지는구나
흉측스럽게 변해버렸구나

이젠 봄이 와 따뜻하지만
넌 되돌릴 수 없구나

감자

세상에 너무 많이 노출되면
나는 괴물로 변해요

내가 쉴 땐 빛을 피해
어둠 속으로 다시 돌아가야 해요

벌레들이 싫어하는 환경
건조하고 서늘한 곳

조금만 습해지면 나는 썩어요
그땐 아무와도 부대끼면 안 돼요

그렇다고

날 오랫동안 잊어버리면
독이 든 싹이 자라나요

순백의 도화지

나를 찾아가는 여행은 대부분
무의식이었다

흰색 종이에 표류하고 있는 생각들을
마구잡이로 쏟아내다 보면
난 다시 조합된 생각들에
질문을 던져본다

지나쳤던 과거로 흘러들어 가
그 순간의 기억들이 의미가 되고

예술작품으로 승화가 되어
나를 무의식과 의식의 결합으로 이끌어 준다

이것을 가능케 하는 건
순백의 도화지와 물감

그리고자 하는 순수한 욕망

즉

나를 향한 사랑이다

하얀 옥탑

북극에서 불어닥친 한파
수도는 터지고 변기는 얼었다

창문에 가득 찬 습기
그 위엔 곰팡이 낀 벽지

골치 아픈 문제들
수리기사에게 전화를 하고
현관에 간다

문고리에 붙은 서리
잡고 돌려보려 하자
움직이지 않는다

꽁꽁 얼어붙었구나 힘을 더 주어
어떻게든 돌려 열고 나간다

내 시야는 온통 하얗다
초점이 잡히기도 전에
눈밭에 미끄러져 눕는다

그리곤
비웃어 버린다

이때
나의 내부에선 무언가 뜨겁게 달궈진다

수리기사님이 도착했다
"담배 한 대만 태우고 합시다"
깊게 한 모금 빨아 마시자
붉은빛이 담배 한 개비를 하얗게 태워버린다

열 그 성질은 언제나
근처를 **재**로 만들어 버리는구나

눈을 털고 일어나 더 하얘진 풍경을 본다
아니 직시한다
겸허히

열기

박수를 받으며 무대 위로 올라간다
그는 말을 하기 시작한다

단어 하나하나의 생명력이 사람들에게
새로운 세계를 선사한다

영감과 아이디어
번뜩이는 무언가

가슴속 어딘가에 있는
누군가가 줄곧 알아봐 주길 원했던
그것들이 반응한다

우리는 교감한다
여러 가지 잡념들과 걱정들은 신경 쓰이지 않는다

지금 이 순간만 있을 뿐이다
나와 같은 사람 몇 명만 있다면

아니 당장 없다 하더라도

기대를 머금고 언제든 뛰어들 준비를 한다

결국 만나게 될 것이다
내일은 오지 않았다

백지상태의 운명이
무한한 가능성을 가진 나날들이
당신을 기다리고 있다

스무 살 그리고 1년

부산에서 서울까지
날 멀리서 보러 온 친구

스무 살 이후 처음 벌어 본 돈으로
그에게 보답하고 싶었다

야밤의 캠핑
음악 소리
바비큐

반가운 마음과 더불어
서로의 체험을 공유하고
앞으로의 기대들을 털어놓는다

청춘이구나 우리
잃지 말자

자신을 의심하지 말고 헤쳐 나가자

무궁무진한 미래를 꿈꾸자

에베레스트의 중턱에서

나에게 소중한 기억들은 뭐가 있는가?
그걸 생각해 내야만 버틸 수 있을 것 같아

내 머릿속은 스무 살 시절로 되돌아간다
새벽 3시, 경산 어느 공원의 벤치 위에서
난 한 소녀와 손을 마주 잡고 서 있다

난 그녀의 손을 잡고
난생처음으로 내 이야기를 하였다
혼자만 알고 지녀왔던 감정과 기억들, 내 마음들

그녀와 손을 잡고
눈을 마주치고 서 있지만

난 그녀가 나를 남자로서는 헷갈려 한다는 것을
본능적으로 알고 있었다

그러나 그때 분명 나는 처음으로
누군가를 통해 말로는 담기 힘든
인간적인 무언가를 배웠다

다 듣고 난 후, 일종의 흡족
동지애, 온기, 나와 같은 상태의
일치를 지닌 채 나를 보며 미소 짓는다
그저, 있는 그대로의 날 보면서

그리고 나의 뒤엔 그가 서 있다

언제나 내 마음을 다 알고 있는 것 같은 눈빛
웃음 폭탄과 썩소
여자, 투쟁, 신념, 개성
하나의 얼굴엔 참 많은 상징들이 녹아 있구나

눈물이 난다

그렇게 소중한 기억 몇 가지를 가지고
정상으로 간다

인연의 시작

역설적이게도 내게 편안함, 고양감
안정을 취하게 하는 진정한 친구들은
내가 자칫 잘못 행동을 하면 단호히
다그치고 뒤돌아설 수 있는 사람일 것이다

그럴 자신감이 있는 자들은 언제나
매력적이고 날 더 건강하게 만들어 준다
그들 전부 자기 자신을 갉아먹지 않고
언제나 나를 긴장시킨다

신념을 유지하는 것
자기 자신을 유지하는 것은
내 스스로를 위한 것임과 동시에
소중한 사람들을 진정으로 위하는 행위일 것이다

그것들은 통틀어 이렇게 귀결된다

상대방이 나한테

잘 보이고 싶은 마음이 들게 하는 힘

서로가 서로일 때

비로소 진정한 인연의 시작일 것이다

에베레스트의 안개

자기 자신을 정복한 사람은
가장 높은 산 하나를 정복한 사람보다 나을 것이다

모두가 그것을 원하지만
마주치는 안개에 길을 잃거나 다시 내려온다

꼭대기엔 무엇이 있는가?

이 숨 막힐 듯 덮쳐 오는 안개를 감내해야 할
이유가 있는가?

있다면
그 에베레스트는
자기 자신이기 때문이다

삶이 막막할 때

그대에게

풍요와 안정감을 줄 수 있는 사람은

자기 자신을 정복한 사람일 것이다

에베레스트의 동굴

안개를 뚫고 어떻게든 눈보라를 피해
한 동굴로 피신했다

거기엔 시끄러운 여행자들이 섞여 있었다
그들은 정상으로 가는 길이 얼마나 위험한지를
서로 증명하기 위해 신난 듯 보였다

그러자 한 여행자가 조용히
동굴 속으로 들어온다

아무 말 없이 구석진 곳에 앉아
몸을 녹이고 있다

그의 시선은 내면에 잠겨 있다
자신의 내부에서 무언가를 보고 있다

그는
저 광채는!
그는 분명 정상을 다녀왔다!

존재 자체로 기류는 바뀌고
모두가 숨을 죽이고 그를 응시한다

마치
저 사람은

이 세계의 진리를, 비밀을
알고 있진 않을까? 예사롭지 않다

물고기 잡는 법

낚싯대를 던져 놓은 채
기다림에 목말라 발버둥을 쳐보았다
조급한 마음에 낚싯대를 이리저리 건드려 보고
바꿔 보기도 했다

혹시나 내가 잘못된 방향에 놓은 건 아닌지
의심이 들어 여러 번 위치를 수정하기도 했다
기다리는 그 시간이 너무나 외롭게 느껴졌다

생각을 조금만 다르게 해보기로 했다
나는 물살의 흐름을 바꿀 수도
물고기의 마음을 알 수도 없을 것이다

다만
나로선 최선의 질 좋은 미끼와
성능이 좋은 낚싯대는 준비할 수 있을 것이다

낚싯대를 던져 놓곤
내가 던져 놓은 그곳에 믿음을 가진 채
미끼가 물렸을 때의 그 순간을 떠올리며
잡아채는 연습을 한다

기다림에 지칠 때쯤은
시 하나를 써서 읊조리고
내가 있는 세상을 알 수 있는 책들을 읽고
미래를 계획한다

더 질 좋은 미끼와 성능이 좋은 낚싯대를
살 돈이 필요하다
난 일을 시작하고 지혜의 사용법을 익힌다
시험 삼아 반대편에
새로 산 낚싯대를 던져 보기도 한다

생각해 보니
후에 잡힐 물고기들을 손질할 조리 기구들과
곁들일 재료들이 필요하다
난 연습용 물고기들로 요리 연습을 한다

물고기마다 어떤 콘셉트가 어울릴지 탐구하고
꼭 맛을 본다

그러는 새, 요리 솜씨가 늘고
아름다운 시들이 더 생겼다
지식이 늘고 낚아채는 연습을 한 덕분에
강인한 체력까지 얻게 되었다

그때쯤이었을까

찌가 움찔거린다

그러나 그토록 원했던 순간에 직면하자
이상하게도 큰 실감이 나질 않는다

홀로 예상했던 감동과는
다른 어떤 것이었다

그때 알게 되었다
물고기를 잡는다는 것이
무엇인지를

생명력

나무처럼 위로 솟는 만큼

아래로 뻗는다는

섬뜩함에 있지 않을까?

보일러

일을 마치고 집으로 와
방에서 멍하니 앉아 있었다

시선은 보일러에 고정시킨 채
공상에 잠겨 있다

보일러를 유심히 보니 사람 머리를
위에서 아래로 내려다본 것처럼 생겼다

온도를 가리키는 화살표는
그 사람의 시야 같다

꺼짐, 외출, 저온, 고온을
자유자재로 오고 갈 수 있는
원형의 한 형태이다

의식을 가지고 스위치를 돌리면
방 전체의 온도가 달라진다

그 남자

제대로 된 얼굴은 기억이 나질 않습니다
하지만 그 당시 내 가슴을 강력히 정통했던
하나의 인상을 체험했습니다

그 남자는 한 흰색 차에서
엄청 예쁜 미녀와 함께 내렸습니다

그 남자는 까무잡잡하고
얼굴에 여드름도 좀 있고
그리 훌륭한 외모는 아니었습니다

그러나
분위기를 또렷이 기억합니다
어떤 고난이든 다 씹어 삼킬 것 같은
자신의 여자를 언제나 지켜줄 것 같은
내가 되고픈 남자상이었습니다

멋있었습니다

그 앞에 나는
한없이 소녀스러운 것만 같았지만

그럴 때마다 내 안에서
그 남자의 형상을 그려보았습니다
그 남자의 모습을 보고 있었습니다

그럴수록
그 남자의 구체적인 외관은 사라지고
느낌은 그대로인 채 내 얼굴이 보였습니다

나를 보고 있었습니다

나무

우린 나무의 푸른 잎사귀와 맺힌 열매
혹은 거대한 기둥에 매료되곤 한다

그러나 그 생명력의 원천인 뿌리는
눈에 보이지 않는다

양분이 가득한 땅속에서 아무도 모르게
줄기를 뻗어갈 뿐이다

코어

우직하게 솟아 있는 나무
바람이 거세게 불자

미동도 없는 그 견고한 기둥은
흩날리는 나뭇잎들 덕분에
더 생명력 있어 보이기까지 한다

그 아래 줄기에 비해
큰 잎사귀를 가진 식물이
바람에 꺾어져 격하게 휘날린다

그 몸부림은 위태로워 보인다

별

언제나 잡히지 않았다
어떻게 하면 닿을 수 있을까?
상상했다

특정 순간 잡았다 생각했지만
또 다른 내가 발견될 뿐이었다
투쟁했다

때론 과감하게 꿈만이 전부라며
덤벼들었다

5평짜리 옥탑방도
텅 빈 통장 잔고도
낭만으로 씹어 삼키려 했다

그런데 여전히

별은 그대로이다

아! 그게 선물이었구나

하루

잡히지 않았기에
볼 수 있는 곳 저 멀리에서
환상의 가루들을 흩날렸구나

나의 길은 아름다웠구나
내 안에 황금을 보고 살았구나

별은 그대로인 채
나는 완전히 다른 인간이 될 수 있었구나
그게 선물이었구나

자기(self)

고시생

감히 힘들어할 수가 없다
약한 자를 보듬는 그를 보면

그의 가슴은 태평양처럼 넓다
큰 그림을 담을 수 있는 도화지다

감히 힘들어할 수가 없다
그의 공부하는 뒷모습을 보면

그를 보며 배운다
맹수의 시야를
고독을 끌어안을 용기를

인내를

논쟁

꿀의 향기가 곰을 자극한다
곰은 꿀을 먹기 위해

나뭇가지를 헤치며
벌집에 다가선다

꿀벌들은 곰을 공격한다
벌침에 담긴 증오는

결국
꿀벌들을 죽음에 이르게 할 것이다

그러니 맘 편히
꿀을 먹을 수 있는 유일한 방법은

기꺼이 벌침을 맞는 것이다

심연

나만 그런지는 모르겠는데
시도 때도 없이

감정의 파편들이 튀어나와서
내 의식과는 상관없이

난 자꾸만 거기에 사로잡혀
부정하면 부정할수록
몸이 굳고 긴장돼

빠져나올 유일한 방법은
전적인 긍정으로 받아들여서
때론, 몸을 맡겨버리게

그런데 인정해 버리고 나니까
꽤나 초연해

3.
애정

대일 밴드

처음에 본 상처
그냥 그러려니 했다

근데 시간이 자니도
여전히 붉고 날 따갑게 하는구나

다가오는 충격들에
빈번히 피 터지는 모습을 보니
감싸주고 싶어

하루아침에 떼어진다 해도

노랑나비

대학교의 한 강의실
노란색 스웨터를 입고 온 그녀

4시간 연속 수업의 유일한 숨통
쉬는 시간 10분

우린 숨을 쉬기 위해
캠퍼스 잔디밭을 같이 뛰었다

아무 생각 없이 웃으며
천진난만한 아이들이었다

숲속에서 나비를 볼 때면
언제나 그때가 떠오른다

심전도

너의 눈을 보고 있다
가슴 요동치게 하는 무언가를 감지한다

은근하고도 감격스러운 자극
복잡, 다양, 경이

각기 다른 구간의 리듬들을 오고 가며
설렘을 증폭시킨다

너의 표정

세상에 단 하나밖에 없는 그 표정

정신 못 차리고 빠져들다 보면
어느새 그건

우리 둘만의 심박수가 되어 있다
너의 생명이 느껴진다

분위기

제 인생에서 기류는

의도해서 생기는 것이 아니었습니다

자연스러운 일치였습니다

날 보며 웃는 네가 좋아서

뭘 그렇게 웃어?

당신이 날 보며 웃는 게 좋아서요

유머

날것의 유희
순간의 충동

서로의 관능을 당긴다
생명력

그리고
바보스러움

아무 생각 없이 튀어나온 총알
완화!

자연이 알아서 해버리게 놔버리는 것
다시 한번
바보스러움

모든 것을 무장해제

우리 둘만의 세계로 진입

지금 이 순간밖에 없는 미소

허스키

난 허스키 같아서
끌어야 할 썰매가 필요해요

무게를 짊어지고 달려야
근육이 생기고, 더 멀리
달릴 수 있는 체력이 생겨요

썰매가 없으면 난 내 꼬리만
쫓아다니며 제자리를 빙빙 돌거나
혼자서 허허벌판을 방랑할 거예요

괜찮다면
나의 썰매가 되어줄래요?
아름다운 오로라가 있는 곳으로 데려갈게요

분명히
즐거울 거예요

매니악

난 당신에게 실망은 줘도

거짓말은 안 줄 거야

사랑을 배우다

이십 대 후반의 어느 시점
겨울비를 맞으며 육교를 지나고 있다

맞은편엔
뭐든 호기심 가득할 것 같은 소녀들이 걸어온다

그러자
갓 성인이 된 스무 살 때부터
지금까지 투쟁해 왔던 감정들이
한꺼번에 가슴을 감싸안는다

최근에 하고 있던 큰 프로젝트 하나도
나를 꽤나 고독하게 만들긴 했지

그런데, 이상하게도
기분이 좋단 말이야

아!

나는 그 누구보다 나를 사랑해 주었구나
내가 해낼 때까지 나를 기다려 주었구나
내가 좀 더 잘되길 바라고
더 좋은 사람이 되기를
언제나 온몸으로 겪어내고 갈망해 주었구나

이 모든 것들의 동력은
좋은 남자가 되기 위해서였구나

노인의 시야

헬스장의 어느 오전
매일 적어도 2시간은
운동을 하시는 할머니가 있다

그 할머니는 잠시 운동을 멈추고
창가를 바라본다

햇살이 그녀의 얼굴이 비치자
분명히 머리카락을 남자처럼 잘랐다면
남자인지 여자인지 헷갈릴 인상이다
그렇다! 그녀는 확실히 늙었다

내가 저 나이가 된다면
나의 무엇을 가장 기특하게 여기게 될까?

한번 해보길 잘했다!

이렇게 되길 진심으로 원했다!

그 감정을 향해 가자

다이어트

밤 9시 집 근처 거리 저녁은 먹었지만
날 유혹하는 프라이드치킨 한 마리
찐하게 냄새를 맡고는 무심히 지나친다

그래도 배는 고파
제로 음료나 저지방 우유를 먹을까나
편의점에 들른다

그런데!
내가 멈춘 곳은 과자 코너
지금 감자칩 앞에 서 있다

한참을 서 있는다
무수히 많은 합리화들이
사방에서 튀어 오른다

시야는 좁아지고 충동은 거세지며
격렬한 이 순간만이 존재한다
가슴은 무거워지고 타들어 간다
배는 더 고파져 고통에 잠깐 고개를 돌린다

진열대 거울에 비치는 내 얼굴이 보인다
군더더기 없는 턱선과 생생해진 얼굴
맑아진 눈과 풍기는 예술가의 광채

배고픈 건 참아도
정신이 고달픈 건 못 참는다며

치킨 한 마리 값이면 책 한 권이라며
스스로를 다독이던 의지의 얼굴이 보인다

기특하다

이 고통의 밤은
승자의 아침으로 향하는 길이었구나

편의점을 나온다

김밥천국

난 분명히 토스트가 먹고 싶었다
토스트 가게에 들어가려는 찰나

금발에 푸른 눈동자를 가진 여인들이
김밥천국에 들어간다
나도 따라 들어간다

관광객인 그들은
메뉴판을 사진으로 찍고
경탄이 담긴 웃음으로 대화를 나눈다

난 옆 테이블의 음성을 음미하면서
삼천 원짜리 김밥 한 줄을 주문한다

그 짧은 순간
도전적인 예감들이 가슴속에서 작열한다

일종의 기대
세계를 누비고 싶단 열망

아니
아직 세계엔 내가 감동할 것들이
너무나 많을 것 같단 감정

저 미소를 엿보며 꿈꾼다
진짜로 좋은 건 공짜구나
내가 가고자 하는 세계에선

꼭
눈을 마주치리!

그때 모닝콜을 연상케 하는
그릇 부딪히는 소리

내 앞에 놓인 삼천 원짜리 김밥 한 줄

기꺼이 한입 먹는다
음! 이렇게 맛 좋을 수가!

과일가게 연금술사

어떤 과일이든 마법의 탑을 쌓자

손님들이 사고 싶게

빨간색 원형의 과일바구니

그거 하나면 나머진 내가 알아서 다 해

팔아야 산다

예뻐 보이게 진열해야 산다

담자 담어

의식을 거행하듯 숭고한 심정으로!

채우자 채워

팔레트에 물감을 채우듯 가지각색으로!

아주 꽉 차 보이게

원형의 에너지가 가득해

신선함이 배가 되게

그 기운을 나도 한번 느껴보자
그 일체감을 손님들과 함께 맛보자

돈은 그렇게 벌자

요트 위에서

성공한 남자들의 2차전
드디어 같은 시기에 같은 감정
같은 기대를 머금고 모였구나
굿 타이밍!

해변의 여인들은 말해
"이상하게 저 남자들이랑 놀고 싶어"
물론 이건 우리의 머릿속 그림
그리고 우리는 머릿속 그림을
쟁취해 내는 데 선수지

이것저것 갖고 나니
가끔 당겨 소유의 자유에서 다시

홀가분함의 자유를

격식 없는 밤바다에 빠지자

요트보다 너의 미소가 더 좋구먼!

고급 양주보다

완수한 자의 기쁨이 더 잘 취하구먼!

남자가 사랑할 때

그녀 앞에선 바보 멍청이가 돼도 상관없소

어차피

그녀는 내 앞길을 막진 못하오

스페인의 태양

정열적인 것

독자적이면서도 화끈한 태도

쾌활함과 박력

산뜻하면서도 따뜻한 내면

일관성 있는 미소와

신념을 가진 눈

시원한 그늘막의 낮잠과도 같은 것

눈을 뜨면 날 보고 있는 다른 눈동자의 아이들

한적함과 여유

고양감

이런 것들을 위해 그동안 달려왔구나

단
하
루
의
휴
일
마
다

초판 1쇄 발행 2025. 1. 10.

지은이 양인규
펴낸이 김병호
펴낸곳 주식회사 바른북스

편집진행 황금주
디자인 김민지

등록 2019년 4월 3일 제2019-000040호
주소 서울시 성동구 연무장5길 9-16, 301호 (성수동2가, 블루스톤타워)
대표전화 070-7857-9719 | **경영지원** 02-3409-9719 | **팩스** 070-7610-9820

•바른북스는 여러분의 다양한 아이디어와 원고 투고를 설레는 마음으로 기다리고 있습니다.
이메일 barunbooks21@naver.com | **원고투고** barunbooks21@naver.com
홈페이지 www.barunbooks.com | **공식 블로그** blog.naver.com/barunbooks7
공식 포스트 post.naver.com/barunbooks7 | **페이스북** facebook.com/barunbooks7

ⓒ 양인규, 2025
ISBN 979-11-7263-917-4 03810

•파본이나 잘못된 책은 구입하신 곳에서 교환해드립니다.
•이 책은 저작권법에 따라 보호를 받는 저작물이므로 무단전재 및 복제를 금지하며,
이 책 내용의 전부 및 일부를 이용하려면 반드시 저작권자와 도서출판 바른북스의 서면동의를 받아야 합니다.